사물에 말 건네기

울력의 詩 03

사물에 말 건네기

박현수 지음

울력

ⓒ 박현수, 2020

사물에 말 건네기

지은이 | 박현수
펴낸이 | 강동호
펴낸곳 | 도서출판 울력
1판 1쇄 | 2020년 12월 24일
등록번호 | 제25100-2002-000004호(2002. 12. 03)
주소 | 08275 서울시 구로구 개봉로23가길 111. 108-402
전화 | 02-2614-4054
팩스 | 0502-500-4055
E-mail | ulyuck@hanmail.net
가격 | 8,000원

ISBN | 979-11-85136-59-2 03810

· 잘못된 책은 바꾸어 드립니다.
· 지은이와 협의하여 인지는 생략합니다.
· 저작권법에 의해 보호 받는 저작물이므로 무단 전재나 복제를 금합니다.

서문

역병 도는 시간에
지난 시들을 검역하였다.
한때 사물에 말 건네던 때가 있었다.
사물도 내게 농치던 적이 있었다.
방역이 너무 잘 된 탓인가 지금은 불가능하다.
그때 써놓았던 연작을 다듬었다.
연작시 중 이전 시집에 묶었던 작품들도
다시 소환하여 간혹 손도 보아 마지막 장에 모았다.
사물에 대한 고민을 함께 하였던
사진예술가 진정근 교수님에게도 감사드린다.

차례

서문 _ 5

1. 사랑

사랑 _ 13
자전거 정육점 _ 14
빨래집게 _ 16
단추의 일곱 가지 전생 _ 17
종이비행기 _ 18
만년필 _ 19
오줌보다 따뜻한 _ 20
풍선 _ 21
사진앨범 _ 22
편지 _ 24
벽시계가 떠난 자리 _ 25
비누 _ 27

2. 초월

호치키스 _ 31
마스크 _ 32
이 예언자를 보라 _ 33
콘센트를 위한 노래 _ 35
조그만 하느님의 마을 _ 36
손톱깎이 _ 37
거울 _ 38
러닝머신 _ 39
빛나는 책 _ 40
낯선 잠음 _ 42
빨대 _ 43
가위 _ 44

3. 욕망

낡은 열쇠의 처세술 _ 47
단단한 표지의 책 _ 48
치약, 저 환한 말솜씨 _ 49
신용카드 _ 50
지도를 읽는 밤 _ 51
안경 _ 52
적의 _ 53
압정 _ 54
창문 _ 56
우산 _ 57
탁상시계 _ 58
리모컨 _ 60

4. 소환

유리컵 _ 63

다리미, 저 뜨거운 발바닥 _ 64

주전자 _ 65

의자 _ 66

가방에 손을 넣을 때 _ 68

자판 경배 _ 69

망치 _ 72

옷걸이론 _ 74

수건의 혓바닥 _ 75

해설: 사물의 힘과 삶의 회복 | 이성혁 _ 79

1. 사랑

사랑
— 숟가락

아욱국에
따뜻한 밥 말아
당신 입에 한 술 떠 넣어주고 싶은,
아무 것도 줄 게 없어
찬밥처럼 굳은
등을 가만히 안아주고 싶은,
식은 국 같은 당신의 저녁 움푹움푹 덜어내고 싶은,

자전거 정육점

햇살 따뜻한 길바닥에
낡은 자전거가 해체되어 부위별로 놓여 있다
바퀴와 체인, 안장, 페달들
핸들과 골격, 브레이크와 체인들
이제 막 발골 작업을 끝낸 듯
목심, 등심, 양지, 사태,
내장, 우족, 우골들, 김이 오른다
저울이 없다는 건
육신 그 이상을 생각한다는 뜻
그래, 뼈와 살을 엮어
떠돌던 바람을 불어 넣으면
한 마리 짐승이 따르릉 울음 울기도 한다
이쯤 되면
천장에 매달려
비닐 뒤집어쓴 저것들은
모진 세상 안쓰러워
짐승 털 뒤집어쓰고 뿔 달고 오신 그 분일 밖에*

* 불교의 '피모대각(皮毛戴角)'이란 말은 '짐승의 털을 뒤집어쓰고 뿔을 머리에 달았다'는 뜻으로 수행승이 깨달음을 얻은 후에 낮은 자세로 세속에 섞이는 자비행을 가리킨다.

빨래집게

빨랫줄에
빨래집게, 깜빡 졸다 보면
자기도
모르게 잠자리가 된다
통, 튕기면
휘청하는 줄을 박차고
깜짝, 날아오르는 잠자리가 된다

알몸의 제 몸을
생각하고는
꼬리도 빨간 고추잠자리가 된다

단추의 일곱 가지 전생

무당벌레,
아픔이 올 자리마다
놓인 징검돌,
명치께 단단하게 맺힌 울음,
흙벽에 먼 길을 거둬들인 수레바퀴,
다음 수를 기다리는 바둑돌,
꽉 끼인 삶에
지칠 때쯤
툭, 떨어져나갈 상처딱지,

해질녘
다도해를 건너가는 먼 섬들

종이비행기

산들바람을 가르며
날아가지, 칼로 물 베어 가듯
날개에 닿는 바람은
폭포처럼 미끄러지지
바람이 움켜쥐면
아기 도롱뇽처럼
꼼틀거리며 빠져 나가지
이럴 때면 나는
새보다는 은빛 연어를 닮았지
하늘로 튕겨 오르면
양떼구름이 깜짝 놀라 흩어지겠지
양떼들이 놀려대면
말해 줄 거야

구름은 물방울을 천 번 접어 만들었을 뿐이야

만년필

저기,
아직 발음되지 않은 말들이
폭풍처럼
뒤척이는 검은 늪,
한 방울씩
새어나오는
견디지 못한 말들
흉터의
말들,
상처 난 기억조차 없는

까마득히
번져나가는 저, 캄캄한 멍

오줌보다 따뜻한
— 벙어리장갑

이리 들어와 봐
어둠 속에 고여 있는 이 따스함 좀 봐
유리구슬이랑 공깃돌에 닳아
부드러워진 공기방울들을 만져 봐
꿈속의 오줌보다
따뜻한 시간들이 찰랑거려
가만히 흔들면
아이들의 웃음소리가 넘칠 것만 같아
어서 들어와 봐
뙤약볕에 데워진
조약돌처럼 둥글게 부푼 마음들을
한 움큼 가져가도 좋아
길 찾기도 쉬워
갈래길이 하나밖에 없는 걸

풍선

아이들이 놓쳐버린 풍선은
모두 어디로 갔을까
파랑, 노랑, 빨강, 하양
색색의 꿈들은 어디로 날아갔을까
어린 날, 지상에서
떠오를 수 있는 유일한 것
달콤한 잠처럼
몰랑몰랑한 몸통으로만 떠오르는 새

지금쯤 천국의 천장은
수천 수만의 풍선으로 가득하리라
천사들은
재잘재잘 도착하는 풍선들 사이로
즐거이 날아다니리라
밤이면 풍선들, 저마다 별이 되어
풍선을 놓친 아이가
풍선을 잊으면서 어른이 되는 지상을
가만히 내려 보고 있으리라

사진앨범

앨범 갈피에는
긴 혀를 가진 동물이 숨죽이고 있다
난폭한 숫사자*가 아니라
카멜레온처럼
사진 뒤쪽에서 느릿느릿 움직이는 짐승
책장을 넘길 때
얼핏 사라지는 꼬리를
당신도 한 번쯤 본 일이 있을 것이다
한 장의 사진과 눈 맞출 때
긴 혀는 순식간에 당신을,
당신을 둘러싼 숨결을 낚아챈다
그의 위장 속에서
달콤하게 익어가는 기억들
오래된 사과처럼 단맛만 남은 시간들
현재가 다시 불러주지 않는다면,
이게 아빠야?
하는 딸아이 소리 같은 것이 없다면
다디단 시간 속에서 벗어나지 못할 것이다

그렇게 사라진 사람들을
당신도 알고 있을 것이다
이제 사진에서만 남아있는 사람들을

* 강신애 시인의 「오래된 서랍」

편지

그대는
마음을 꼭꼭 봉하여 보내었지만
봉투를 열자
향기는 어디 가고
마른 글자만 남았네요

닿기도 전에, 늘
수취인 불명으로
돌아가 버리는 당신

벽시계가 떠난 자리

벽시계를
벽에서 떼어놓았는데도
눈이 자꾸 벽으로 간다

벽시계가
풀어놓았던 째깍거림의 위치만
여기 어디쯤이란 듯

시간은
그을음만 남기고
못 자리는
주사바늘 자국처럼 남아 있다

벽은 한동안
환상통을 앓는다

벽시계에서
시계를 떼어내어도

눈은 아픈 데로 가는 것이다

비누

비누 속에는
수천수만의 풍선이 갇혀 있지요
당신은 아침마다
얽히고설킨
단단한 풍선들을 풀어주곤 하지요
풍선들이
미꾸라지처럼 손을 빠져나가
까르르 웃은 적은 언제였던가요
너무 투명하여
눈에 보이지 않는 풍선을
저건, 향기야
하고 불러 본 것도 그때겠지요
이제, 당신은
손을 씻고 나면 마음이 가벼워진다고
농을 할 만큼 어리석어졌지요
수많은 풍선들이
당신을 들어 올리는 줄도 모르고

2. 초월

호치키스
— 산해경 외편

강철메뚜기과에 속하는 곤충의 총칭, 또는 스테이플러 한 종을 부르는 이름이다. 강철메뚜기과에는 손톱깎이, 스테이플러, 스테이플 리무버 등이 속한다. 현재 전 세계에 걸쳐 다양한 색상과 형태를 지닌 수만 종의 개체가 살고 있다. 서식지역은 주로 빛이 들지 않는 서랍 같은 음지지만, 낮에는 밝은 책상 같은 곳을 돌아다니기도 한다. 식성은 잡식성이나 주로 종이를 먹고 살며, 성질은 온순한 편이다. 그러나 가끔 성질이 나면 이빨을 드러내어 사람의 손을 물어뜯기도 한다. 모스 신호 같은 소리를 내어 울면 세상이 한껏 분주해진다.

마스크

사람들은 낡은 풍금처럼 앓는다
먼 곳에서 흘러온 바람이
계절의 등뼈를
밟고 지나는 사이
새된 소리만 새어나오는
이비인후를 잠그고
저마다 제 안의 열을 짚어본다
지난 계절은 견디기 어려웠고
삶은 증상도 없이
다음 계절로 미루어졌다
묵독(默讀)의
환절기가 일상이 된다 한들
마스크의
표정은
끝내 읽을 수 없다

낯선 시간이 다가오고 있다

이 예언자를 보라
— 내비게이션 찬가

참된 예언자가 나타났다
목소리는 들리나
그의 형상을 본 자는
여인이 낳은 자 중에 없다고 한다
막막한 길이 어디로 향할지,
여정이 언제 끝날지 그는 알고 있다
앞길에 시련이 있다고 할 때면
반드시 시련이 있었고
여정의 끝을 말할 때
언제나 여정의 끝이 와 있었다

그의 예언이
자주 바뀐다는 비난은
참된 예언자라는 징표일 뿐
그에게 미래는 굳은 돌덩이가 아니라
말랑말랑한 찰흙덩이
지금 빚는 이 손길에
나중의 형상이 들어 있으니

지금 여기가
미래의 막다른 길이다

이전에 왔던
가짜 선지자들과 같지 아니 하니
그는 미래를 팔아
지금을 가난하게 하지 않으며
내일의 채찍으로
오늘을 후려치지도 않는다
하나의 길만을 옳다고 하여
다른 길을 악으로 만들지 않으며
에둘러 말하여
지상의 귀를 어지럽히지도 않는다

목소리는 있으나
형상은 없는,
참된 예언자가 이제야 왔다

콘센트를 위한 노래

저 두 구멍,
구릿빛 길을 따라가면
폭풍우가 모여 사는 들판을 지나
우레와 번개가
뒤척이는 호수에 닿을 것이다
소리와 빛이 뒤엉키어
수만 마리의 뱀들처럼 꿈틀거리는,
격렬하게 뒤섞이어
빛은 우렁차게 울리고
소리는 푸른빛으로 번쩍거리는
낯선 물가에 닿을 것이다
형상이 없어
상상도 미처 태어나지 않은,
벽 하나를 격하고
출렁거릴 창세기에 닿을 것이다.
지상에 뚫린 길은
저 콧구멍 밖에는 없는

조그만 하느님의 마을
— 손목시계

호두알 깨듯이
손목시계의 뚜껑을 열자,
아, 조그만
하느님이 다스리는 저
앙증맞은 마을

호두 속보다
꽉 찬 동그란 놋쇠의 세간들

째깍째깍
은빛 물레바퀴에서 흘러나와
호수처럼
고여 있는 시간들

어디선가
쬐끄만 천사들 일하는 소리
별빛처럼
희미하게 들리는 마을

손톱깎이

손톱깎이 쓸 때처럼
우리에게서
떨어져 나간 사소한 것을
눈여겨보았더라면
어디론가 사라진
작은 조각의 안부를 궁금해 하였더라면

저 봐, 초승달
하느님의 손톱깎이에서 튕겨 나온,

거울

거울은
세워 놓은 저수지
물결 하나 없다
흔들리는 건 이 세상의 일이라서
폭발할 듯
응축된 고요만 짱짱하다
표면장력 안에
팽팽히 담겨 있는 사물들
거울 속에
사물이 하나 생길 때마다
이곳에
툭,
사물이 하나 던져진다

러닝머신

길이 흘러나온다
잡념처럼 끊이지 않는다
모든 풍경은 사라지고
한 올의
좁은 고샅만 풀려 나온다
걸은 길을
거듭 걷는다는 것이
결코 비유일 리 없다고
기침을 하듯 울컥울컥 쏟아진다
엉겁결에 받아
허겁지겁 걷는,
길처럼 삶은 더디기만 한데

걸어도 걸어도
길 끝에서
당신을 만날 수 없을 듯하다.

빛나는 책
— 스마트 폰

빛나는 책을 읽는다, 당신들은
무기질 질료로부터 태어나
어둠 속에서도 스스로 빛을 내는 책
흔들리는 지하철 속에
옛 관리의 홀(笏)처럼 하나씩 들고 읽는다
거룩한 이론에서부터
가벼운 하소연까지
노랫가락에서 움직이는 그림까지
온갖 유희와 소문들이 화수분처럼 가득한 책
사고전서의 서적을 다 넣어도
오히려 자리가 남는 얇은 책
단 한 권의 책을 읽는다, 당신들은
어른에서부터 아이까지
수불석권(手不釋卷), 한시도 놓지 않는다

스스로 빛나지 않는,
그래서 읽는 이의 내면에서
빛을 낼 수밖에 없는,

어두운 책을 들고 나는 흔들린다
황혼을 가로질러 지하철은 터널로 들어선다

낯선 잡음
— 시디(CD) 음반

저 은빛 원반은
방금
어느 행성의 고리에서 떼어온 것
표면에 빛나는 무지개는
고리에 닿은,
먼 어둠을 지나온 햇빛의 기억

음악이 튕겨나갈 때
잠깐 들리는
낯선 잡음
축음기의 바늘이
순간,
태양계의 어느 테 위에 놓였다는 뜻

빨대

빨대가 꽂힐 때
세계의 빗장은 잠시 풀린다
컵에서 사람에게로, 아니
사람에서 컵에게로
나귀에서 모기에게로, 아니
모기에서 나귀에게로
한 몸에서
다른 몸으로 건너가는 통로가 열린다
달콤한 과즙으로든
따뜻한 피로든
다들 너무 오래 갇혀 있었다
얇은 막을 뚫는
경쾌한 소리엔
그래, 비상구를 따는 기척이 들어 있다

가위

가위에는
엇갈린
우주의 힘이 모여 든다

몇 억 광년 지나
달을 거쳐서
부풀어 오른 암컷의 힘과

해를 거쳐서
달아오른
수컷의 힘이

다리를 꼬아
사각사각
저 먼 곳의 꿈들을 낳는다

3. 욕망

낡은 열쇠의 처세술

낡은 열쇠는
환영(幻影)의 보석상자로 살아가지
버릴까 말까 망설일 때마다
어디 있는지도 모르는 보석상자의 열쇠구멍을 노래하지
그 속에 반짝일 사파이어와 자수정을 노래하지
어설픈 톱니가 있으나 톱도 아니고
얕은 홈이 있으나
손톱 줄칼도 될 수 없는 것
보석상자가 있는 한
누구도 열쇠구멍을 잃어버린 이것을
열쇠가 아니라 말할 수 없지
아무도 낡은 열쇠를 던져버릴 수 없지
열쇠는 어둠 속에서
깔깔거리며 보석상자를 더 찬란하게 만들지
보석상자의 신기루를 팔아
열쇠는 책상서랍 속에서 자꾸만 식구를 늘려가지

단단한 표지의 책

두꺼운 껍질 속에 싸인 내용은
살짝 건드려도
움츠러드는 민달팽이의 지식은 아닐 테지
매운바람만 불어도
쏙 고개를 감추고 말
약하디 약한
게눈의 귓속말은 아닐 테지

두근거리며
저 단단한 표지를 열 때
들려오는 소리는
온 하늘이 쩌렁쩌렁 울리는
사자후가 되어야 마땅할 테지

갑옷 같은
표지가 아니면 가두어 둘 수 없는

치약, 저 환한 말솜씨

하얀 거짓말이란 게 이런 것이지
촉촉하면서도
상쾌한 말
마음에 가득 담아 두고도
아끼고 아끼다가
한 번씩 뱉어내는 개운한 한 마디

박하사탕처럼
상큼한 하얀 말솜씨

신용카드

판축기법이란 게 있지요
성을 쌓을 때
판자로 네모 틀을 짜서 그 속에 진흙을 넣고
꾹꾹 밟아 다지면
흙이 돌처럼 단단해진다지요

판자로 네모 틀을 짜서
우리 욕망을 넣고 꾹꾹 밟아 다지면
신용카드가 된다지요
저 오돌토돌한 글자들은
미처 다져지지 않은 욕망이라지요
유효기간이 지나도
시들지 않는

지도를 읽는 밤

늦은 밤
등고선을 짚어 가면
어느새
불어오는 능선의 바람
형광등은
야간산행의 랜턴처럼 흔들린다

지도는
산에 못 간 이들의
꾹
   꾹
눌려놓은 마음

안경

저것은
누군가 벗어놓은 표정

다른 인상은
모두 지워지고
오로지
앞을 바라보는 골격만 남은,

견인주의라든가
삶이라는
말이라도 생각하는 듯
골똘한,

적의
— 부엌칼

문득문득
젊은 날의 적의가 떠오를까 두렵다

몸을 잔뜩 웅크린 저 자세
아슬아슬한,

압정

보이지 않을 때
압정의 촉은
일 분마다 일 센티씩 커지지
바늘 끝은 더 뾰족해지지

보이지 않을 때
압정은 늘
하늘을 향해 누워
발바닥 오목한 곳만을 노리지

보이지 않을 때
압정은 새끼를 쳐서
한 개가 두 개
두 개는 네 개가 되어 차고 넘치지

아, 보이지 않을 때
압정은 늘
가장 무서운 표정을 짓지

아무도 본 적이 없는

창문

창을 열자
솨아아
봄비 소리 몰려온다

닫힌
고요 속에
계절이 밀봉되어 있다

아내는 냉장고 열듯 철 지난 절기를 꺼내곤 한다

우산

젖은 채
현관 바닥에 누워 있는
실잠자리 한 마리

젖은 날개 속에
튕겨나갈 듯
잔뜩 웅크린 섬세한 골격

활짝 펼쳐질,
아직 젖지 않은 나날들

탁상시계

미군부대 근무를 끝내면서
동생은
같이 복무하였던
미국산 탁상시계도 제대시켰다
탁상시계 소리는
제 고국처럼 덩치가 커서
단칸방에 형제들 누울 곳이 없었다
밤새 대리운전을 하고 온
형은 오전 동안 시계를 냉장고에 넣었다
동생은 냉장고에 갇힌
시간을 자꾸 꺼내어 풀었다
가장 먼 구석에 숨겨두어도 금방 들켰다
정오가 되기 전에 시계는
부엌 벽에다 와장창,
마지막 시간을 알려주었다
시간은 성조기의 별처럼 산산조각이 났다
몸속에 다른 시계를
넣어 왔던 동생은 집을 나갔다

우리 형제는 시차가 너무 많이 났다

리모컨

버튼을 하나씩 누를 때마다
그리운 순간을
하나씩 부르는 것이겠지요
미장원의 잡지 읽듯
이리저리 채널을 뒤적이는 건
버튼을 아무리 조합을 해도
물수제비처럼 강을 건너
그곳에 닿을 수 없다는 것이겠지요
음량을 높여도
어깨동무한 친구의 따뜻한 어깨를,
소풍 전날의 설레임을
다시는 들을 수 없다는 것이겠지요

물수제비뜨듯이
리모컨을 놓아 보낼 수 없는 당신은
왕홀(王笏)을 들고 있는
외로운 왕이란 뜻이겠지요

4. 소환

유리컵

유리컵엔
투명한 공기가 가득 차 있다
한 모금 마실 때마다
어느새
한 모금 채워진다

빈 유리컵을 오래 명상한 사람만이

유리컵처럼
맑은 갈릴리 호숫가로 가서
물고기 두 마리
떡 다섯 개로
텅 빈 수천 명을 먹여 살린
가난한 마음이 된다

다리미, 저 뜨거운 발바닥

가장 혹독한 건
신기루를
믿지 말라는 사막의 계명
발자국마다
더운 바람 고이는
뜨거운 길이 아니면 걷지 않았다
지나온 모래언덕은
차라리 태양의 타오르는 등
삶이 구겨질 때마다
저 젖가슴처럼
주름 없는 모래언덕을 생각했다

삶이 따뜻했느냐
그대, 물었던가
내 뜨거운 발바닥을 만져 보라

주전자

교실 한가운데
톱밥난로 위에서
뚜껑을 들썩이며
뛰쳐나가고 싶어 하던 마음들
끓어 넘치려 할 때마다
푸, 푸,
한숨으로 가라앉혀야 했던
벌겋게 타들어가던
격정(激情)들

조금만 건들어도
움푹움푹
상처가 나던 젊은 날들

의자

태초에
하느님이 의자를 만들 때
그 곁을 달려가던
말의 영혼을 불어 넣었다
목뼈를 곧게 펴고
먼 곳을 바라보는 자세에
안장을 얹은 것도
하느님의 전직인 목수였다
사람들이
목뼈에 등을 기대고 돌아앉을 때
의자는
혼이 떠난 사물에 지나지 않았다
아이들이
가끔씩 거꾸로 앉아 소리칠 때
온 몸을 부르르 떨며
의자에 깃든 말의 영혼은 눈을 뜬다

그때마다

어디선가 또각또각 말발굽 소리 들려온다

가방에 손을 넣을 때

가방을 열면
소(沼)처럼 검푸른 심연이 출렁인다
당신 손이
아무리 깊이 휘저어도
닿지 않는 어둠이 있다
소용돌이에 휩쓸려
가끔씩 물건들이 사라지는 곳
어느 순간 손등이
다른 허공에 놓인 듯 서늘할 때
블랙홀 속에
손을 집어넣고
우주의 자궁을 더듬고 있는 당신!
닿지 않는 어둠 속 어딘가
당신의 슬픔이
희미하게 빛날 법도 하지만

어느 가방도
한 사람의 일생을 다 담을 수는 없다

자판 경배

동방박사가 따라가던
별은 자판의 어디쯤에서 빛났던 것일까
영혼이 시의 성모였던,
깃털펜이 신의 음성을 받아 적던
시대는 어디로 갔는가
신들이 구름처럼 흩어진 뒤
자판은 말씀의 말구유
삼천대천세계가 녹아든 검은 경판
새로운 율법이 여기에서 형상을 얻으리라

깃털 펜이 따라잡지 못 하는
언어 떼가 자판의 가로를 질주한다
흰 먼지를 일으키며
초원을 가로질러 달려가는 물소 떼처럼
걷잡을 수 없는 폭주가
요철의 골짜기 사이로 몰려온다
폭포처럼 쏟아져 내리는
외침이 경판의 광야에 울려 넘친다

성령은 자판의 격자 위에 강림한다
아니, 성령은 글쇠의 그림자
그것의 충돌에서 튀는 불꽃
잡다한 신성문자의 잡답이 일으키는
형상 없는 먼지구름
기도는 더 이상 응답하지 않는다
성령은 흩어진 글쇠 사이
질주하는 타이핑에서 불기둥처럼 피어오른다
폐자재가 된 율법 대신
성령의 골조를 짜고
외벽을 쌓는 건 자판의 신성한 촉각

보라, 깃털펜을 잡은
한 손의 노동이 만들어낸 기우뚱한 걸음걸이를
그 갈짓자의 서체를
여기, 열 손가락의 노동이
엮어 올리는 빛나는 직물이 태어나고 있다

플라스틱의 말구유에서
교신하는 좌와 우의
성스러운 연대가 새기는 계시록의 서판

정갈하게 깃털을 깎아야
구약을 쓰던, 혹은 몸통 굵은 만연필로만
기도문을 쓰던 성자는
긴 수염을 휘날리며 사막먼지 속으로 사라졌다
그들을 조문하던 부족도 흩어졌다
육필은 자판의 환청
아우라는 타이핑의 촉각 내부에 거주한다

깃털의 말들,
흑연의 언어가 수태고지하던 계절은
부활하지 않는다
동방박사가 따라가던
별은 자판의 궁륭 안에서 더욱 반짝인다

망치

첫 번째 하느님은
세상이 물렁물렁하여 말로도 충분했겠지만
세상이 단단히 굳은 후에
다시 올 하느님은
망치를 들고 오실 것이다

모루 위에
깡, 깡, 강철 두드리는 소리로 벼린
푸싯, 뜨거운 김으로
갓 건져 올려 쇳내조차 나지 않는
망치를 들고 오실 것이다

하느님이 혹 늦을라치면
혁명가라도 보내실 것이다
그의 머릿속에는
망치가 들어 있을 것이다
비유로서가 아니라
단단하고 육중한 진짜 쇠망치가

그때, 일출 전
끓어오르는 구름 속에서 망치 소리 들려올 것이다

옷걸이론

수만의 사람을 포개고
포개어
서로 포개지는 곳만 남기고
깎아내고 깎아내어
더 이상 덜어낼 것이 없을 때
바로 그때
완전한 인간이 나타나리라고,
은빛 고사목처럼
본질로만 이루어진 인간이
나타나리라고, 그대
풍선처럼 부푼 날이 있었지

마침내 나타난 건
피도 살도
없는, 저 간결한 골격뿐

수건의 혓바닥

수많은 돌기 달린 혓바닥처럼, 수건은
식구들의 체취를 핥아 먹는다
처음 남긴 막내의 냄새 위에
아빠 냄새, 엄마 냄새가 겹쳐지고
겹치면 겹칠수록
냄새는 하나의 원형으로 돌아간다
따로 따로 거둔 냄새들은
수건 안에 모여서 비로소 가족이 된다
세탁기에서 꺼낼 때
가끔씩 수건의 올이 빠지는 것은
가족의 냄새를 놓기 싫었기 때문이다
그러니 수건이 아니라면
어디에서 가족을 물어 보겠는가
그 체취를 잊지 못하여
수건은 걸레가 되어서도
방바닥을 킁킁거리며 돌아다니는 것이다

해설

사물의 힘과 삶의 회복

이성혁(문학평론가)

1

 사물은 언제 어디서나 우리와 함께 있다. 독방에 갇혔을 때에도 벽이라는 사물과 마주하지 않는가. 우리는 죽어서도 관과 함께한다(물론 화장인 경우에는 이야기가 다르겠지만). 나아가 사물이 어떻게 우리 주변에 배치되어 우리와 관계 맺는가에 따라 우리의 삶이 구성되기도 한다. 사물들과의 관계 속에서, 그리고 그 관계에 따라 우리는 우리의 사유나 행위를 결정해 나가는 것이다. 하지만 우리는 사물을 폄하하기 일쑤다. 사물은 독립적으로 존재하지 못하고 우리의 손아귀 안에 있으며 우리가 작용을 가할 때만 움직인다고 생각한다. 사물을 우리가 마음대로 할 수 있는, 손쉬운 대상으로만 생각하는 것이다. 하여 우리는 우리와 가장 오랜 시간 관계를 맺는 사물과 내밀한 관계를 맺지 못하고 자동화되고 습관적인 의식으로 사물을 대하며 살아간다. 이에 도리어 우리는 우리도 모르게 사물에 종속되어 버린다.

사물이 살아 있다는 것을 인지하고 사물과 내밀한 관계를 맺을 때 우리의 삶도 진실로 자유로워질 수 있다. 이러한 관계 맺음은 자동화된 의식으로는 불가능하며 상상력이 가동되어야 한다. 바로 예술가, 시인이 이러한 관계를 맺고자 시도하는 사람들이다. 박현수 역시 특유한 방식으로 사물과 관계를 맺고자 하는 시인이다. 그는 상상력을 통해 사물에게 말을 걸어 대화를 시도한다. 그래서 그러한 시적 작업을 한데 모아 내놓은 이 시집의 제목을 "사물에 말 건네기"라고 했다. 사물에 말을 건네는 시인의 작업은 인간 주체가 사물을 장악하고 소유하기 위해 인식하고자 하는 근대적 기획과는 거리가 멀다. 사물에 말 건넴과 사물의 응답을 듣는 작업은 상상력이 파놓은 길을 따라 사물의 내밀한 안쪽으로 들어가야 가능하다. 이 작업에서 사물은 수동적인 위치에 있지 않다. 그것은 지금 침묵하고 있지만, 시인의 말 건넴 끝에 자신의 독특성을 드러내면서 시인에게 자신의 응답을 건넬 것이다. 이 응답을 들으면서 시인은 사물이 우리의 삶을 적극적으로 구성하고 있음을 알아채기 시작할 것이다. 그리하여 세계는 새로이 자신을 드러낼 것이며 기성의 우리의 앎은 변화될 것이다. 이 시집은 바로 그러한 사물의 다채로운 응답들을 보여 주며, 그 응답들에 호응하는 시인의 서정을 담고 있다.

아마 사물에게 말을 건네기 위해서는 우선 사물이 살아 있는 존재임을 인식해야 할 것이다. 우리는 '살아 있음'을 주로 육체를 지닌 동물을 통해 인지한다. 그래서인지 박현수 시인은 사물로부터 동물의 육체성을 읽어 내는 작업을 다양하게 보여 준다. 예를 들어 그는 빨래집게에서 "꼬리도 빨간 고추잠자리"(「빨래집게」)를 읽어 낸다. 종이비행기에서는 도롱뇽이나 은빛 연어(「종이비행기」)를 상상하고, 풍선은 "달콤한 잠처럼/몰랑몰랑한 몸통으로만 떠오르는 새"(「풍선」)다. 이러한 상상은 사물에 내재한 생명력을 들추어내서 사물을 살아 있는 존재로 드러내기 위함으로 보인다. 특히 자전거를 관찰 대상으로 삼은 아래의 시는, 사물에 내재한 동물적인 육체성과 함께 그 영혼도 길어 올려 드러낸다.

> 햇살 따뜻한 길바닥에
> 낡은 자전거가 해체되어 부위별로 놓여 있다
> 바퀴와 체인, 안장, 페달들
> 핸들과 골격, 브레이크와 체인들
> 이제 막 발골 작업을 끝낸 듯
> 목심, 등심, 양지, 사태,

내장, 우족, 우골들, 김이 오른다

저울이 없다는 건

육신 그 이상을 생각한다는 뜻

그래, 뼈와 살을 엮어

떠돌던 바람을 불어 넣으면

한 마리 짐승이 따르릉 울음 울기도 한다

이쯤 되면

천장에 매달려

비닐 뒤집어쓴 저것들은

모진 세상 안쓰러워

짐승 털 뒤집어쓰고 뿔 달고 오신 그 분일 밖에

— 「자전거 정육점」 전문

   해체되어 "천장에 매달려/비닐 뒤집어쓴" 자전거의 부품들은 정육점에 놓인 고기의 부위로 유추되어 표현된다. 기발한 상상이다. 하지만 그러한 표현이 기상(奇象)에 그치지만은 않는다. 시인은 그 유추로부터 사물에 내재해 있는 어떤 영혼을 드러내고자 한다. 무당벌레로 비유된 단추에서 "아픔이 올 자리마다/놓인 징검돌,/명치께 단단하게 맺힌 울음"(「단추의 일곱 가지 전생」)을 읽어 내듯이 말이다. 위의 시에서 시인은, 저 자전거 부품들에서 "육신 그 이상을 생각"하면서 "따르릉 울음" 우는 "한 마리 짐승"

을 떠올린다. 단추나 자전거는, 시인의 말 건넴에 대한 응답으로 울음을 들려준다. 그 사물들은 슬픈 영혼을 갖고 있기 때문이다. 단추는 "꽉 끼인 삶"(「단추의 일곱 가지 전생」)을 살아야 하며 '낡은 자전거'는 폐기될 것인지 해체된 채 천장에 매달린 삶을 살고 있는 것이다. 하여 "막 발골 작업을 끝낸" 짐승의 고기들에서 피어오르는 김이 마치 얼마 전까지 그 고기를 자신의 육신으로 삼았던 짐승의 눈물로 보이듯이, 저 해체된 자전거도 눈물을 뿜어내는 고기처럼 "따르릉 울음"을 울고 있는 것으로 보인다.

그런데 짐승의 고기로 유추된 자전거는 시의 후반부에서 "모진 세상 안쓰러워/짐승 털 뒤집어쓰고 뿔 달고 오신 그 분"으로 변신한다(마지막 행에 붙여진 주에 따르면 '그 분'이란 "깨달음을 얻은 후 낮은 자세로 세속에 섞이는" 수행승을 의미한다). 해체된 사물의 슬픈 영혼은 우리에게 깨달음을 주는 자비로운 영혼으로 전환되는 것이다. 어떤 역전이 일어난다. 폐기된 사물이 주체가 되어 우리의 인식을 변화시킨다. 소위 미개인의 애니미즘은 시적 상상력의 기원이었다. 애니미즘의 세계에서 사물은 영혼(anima)을 가진 존재이며 그 영혼을 통해 사람들의 삶에 초자연적인 영향력 — 마나(mana) — 을 끼친다. 어떤 사람이 아플 때에는 그와 관련된 사물이 훼손되었을 때이다. 그 사물을 복원시키면 병도 낫는다(사물의 영혼과 통할 수 있는 무당은 의사 역

할도 병행했다. 물론 그는 사물의 영혼을 불러내는 노래를 부르는 가객, 시인이기도 했다).

이러한 애니미즘 세계가 근대 문명인의 관점에서 볼 때 허무맹랑하게 보일 수도 있지만, 정신분석학과 같은 20세기 과학 이론은 페티시즘 개념을 통해 사물이 가지는 힘을 증명했다. 초현실주의자들은 버려진 사물들을 낯설게 배치하여 '초현실주의 오브제(Objet)'를 창출했다. 그들은 이 오브제를 통해 굳어진 우리의 일상 의식을 불온하게 뒤흔들고 억압당하고 있는 무의식적 욕망을 호출하고자 했다. 박현수 시인이 꺼내 놓으려고 한 저 해체된 자전거의 불교적인 '마나'는 초현실주의자들이 기도했던 오브제의 불온한 전복성과는 차이가 있지만, 사물에 내재한 어떤 영혼을 끄집어내어 사람들의 인식과 세상에 변화를 줄 수 있는 힘으로 전환시킨다는 애니미즘적인 면에서는 상통하는 면이 있다.

2

박현수 시인이 동물로 변신하면서 애니미즘적인 힘을 발휘하는 사물로 주목한 대상들은 아날로그적인 것들이다. 그것들은 근대 사회가 산출한 공산품이긴 하지만 지금 21세기 디지털 문명에서 보면 아련한 향수를 불러일으키기까지 할 사물들이다. 시인은 전자 디지털 문명이 낳은 최신의 사물들 역시 주목하고 있는데, 이 사물들은 친근한 애니미즘적인 힘이 아니라 우리의 삶 위에 군림하는 어떤 종교적인 힘 ― 권력 ― 을 발한다. 가령 내비게이션은 절대 틀리지 않는 예언가다. 물론 내비게이션을 예언가에 빗댄 건 시인의 유머의 산물이겠지만, 이 비유는 전자 기기가 이끄는 대로 살아가는 현대 사회의 삶을 비판한다는 의미 역시 내포하고 있다.

    그의 예언이
    자주 바뀐다는 비난은
    참된 예언자라는 징표일 뿐
    그에게 미래는 굳은 돌덩이가 아니라
    말랑말랑한 찰흙덩이
    지금 빚는 이 손길에
    나중의 형상이 들어 있으니
    지금 여기가
    미래의 막다른 길이다

    이전에 왔던

가짜 선지자들과 같지 아니 하니

그는 미래를 팔아

지금을 가난하게 하지 않으며

내일의 채찍으로

오늘을 후려치지도 않는다

하나의 길만을 옳다고 하여

다른 길을 악으로 만들지 않으며

에둘러 말하여

지상의 귀를 어지럽히지도 않는다

목소리는 있으나

형상은 없는,

참된 예언자가 이제야 왔다

―「이 예언자를 보라 - 내비게이션 찬가」 부분

  내비게이션이 가라는 대로 가면 목적지에 도달할 것이다. 내비게이션은 틀리는 일이 없다. 시간도 맞춰 준다. 미래의 불확실성은 내비게이션에 의해 사라졌다. 내비게이션은 지금 하고 있는 운전을 친절하게 디자인해 준다. 그러니 내비게이션의 세계에서 미래는 존재하지 않는다. 미래는 가능성의 세계이며 불확실성의 세계이기 때문이다. 그러나 내비게이션 세계에서 미래는 '여기'에 이미 와 있다. 지금 여기 "나중의 형상이 들어 있"는 것이다. 그래서 이 세계에서는 오직 현재만이 존재한다. 하여 내비게이션이 이끄는 길은 "미래의 막다른 길"이다. 오직 내비게이션의 '손길'에 빚어지는 현재만이 존재하니 미래의 관점에서 현재를 보는 일도 없다. "미래를 팔아/지금을 가난하게 하지 않으며/내일의 채찍으로/오늘을 후려치지 않는" 것이다. 그러니 현재에 대한 비판도 사라진다. 오직 가장 빨리 목적지에 도달하기만 하면 되기에, '하나의 길'만 강요하지 않고 "다른 길을 악으로 만들지 않"는다. 효율성만이 길을 선택한다. 하여 "에둘러 말하"는 일도 없어서 우리를 머뭇거리게 하거나 선택의 고뇌에 빠뜨리지 않는다.

이러한 내비게이션의 '예언'을 따르는 삶이 현대 사회를 살아가는 우리의 삶을 상징하고 있다는 것은 우리 독자는 능히 짐작할 수 있다. 현재 우리는 미래다운 미래를 가지지 못한 삶을 살고 있으며 오로지 효율성만을 위한 예측에 따라 현재만을 살아가고 있는 것이 사실이다. 위의 시는 현대 사회에 대해 신랄한 비판을 가하는 시인 것이다. 현대인은 미래를 예측하여 현재를 디자인하는 내비게이션의 명에 따라 살아간다. 내비게이션이라는 사물에 종속된 채 살고 있는 것, 그래서 내비게이션은 우리에게 토템과 같은 종교적 힘을 가진 사물, 인간에게 권력을 행사하는 사물이 된다. 이 권력은 부드럽게 행사된다. "하나의 길만을" 강요하지 않는 것이다. 하지만 내비게이션이 제시한 선택지에서 우리는 벗어나지 못한다. 우리는 내비게이션에 의해 통제되고 예속된다. 이렇게 우리의 삶을 예속시키는 사물들, 미래를 박탈하고 자유를 봉쇄하는 권력자 사물들은 우리의 삶을 편안하게 해 준다는 목적에서 개발되고 생산된 최신 기계들이다. 우리의 삶을 예속화하는 사물들은 내비게이션만이 아닌 것이다. 박현수 시인은 이 시집에서 그러한 사물들로 러닝머신, 스마트 폰, 콘센트, 리모콘, 자판, 신용카드 등에 주목한다.

내비게이션이라는 예언자의 말을 따라 길을 가는 삶은 "길이 흘러나"오는 러닝머신을 따라 "걸은 길을/거듭 걷는"(「러닝머신」) 삶과 다를 바 없다. 러닝머신을 따라 걷는 삶 역시 내비게이션에 따르는 삶과 마찬가지로 미래는 없고 오직 걷고 있는 현재만 있을 뿐이다. 미래 없는 현재만의 삶은 사건이 없는 삶이며 다른 삶의 가능성도 사라진다. 하여, 내비게이션을 따르는 삶도 마찬가지겠지만, 러닝머신을 걷는 삶에서는 "모든 풍경은 사라"질 것이며, "걸어도 걸어도/길 끝에서/당신을 만날 수 없"(같은 시)을 것이다. 풍경이란 평소에 볼 수 있는 것과는 다른 것이 현현할 때 나타나는 것이다. 정해진 길만을 따르는 삶에서 다른 것이 현현할 리 없다. 그러니 풍경은 사라지는 것이며, 삶의 어떤 다른 의미를 가져다줄 '당신'을 만나는 일도 불가능하다. 그럼에도 외로이 러닝머신을 걸으며 살고 있는 우리의 삶은, 텔레비전 리모컨 버튼을 이것저것 누르면서 방 안에서 현재 시간을 때우는 삶과 통한다.

> 버튼을 하나씩 누를 때마다
> 그리운 순간을
> 하나씩 부르는 것이겠지요
> 미장원의 잡지 읽듯
> 이리저리 채널을 뒤적이는 건
> 버튼을 아무리 조합을 해도
> 물수제비처럼 강을 건너
> 그곳에 닿을 수 없다는 것이겠지요
> 음량을 높여도
> 어깨동무한 친구의 따뜻한 어깨를,
> 소풍 전날의 설레임을
> 다시는 들을 수 없다는 것이겠지요
>
> 물수제비뜨듯이
> 리모컨을 놓아 보낼 수 없는 당신은
> 왕홀(王笏)을 들고 있는
> 외로운 왕이란 뜻이겠지요
>
> ―「리모컨」 전문

우리는 텔레비전 "버튼을 하나씩 누를 때마다/그리운 순간을 하나씩 부르"면서도 "물수제비처럼 강을 건너/그곳에 닿을 수 없"(「리모콘」)는 삶을 살고 있다. 리모컨을 '왕홀' 삼아 들고는 '외로운 왕'처럼 사는 이러한 삶 역시 현재만 있지 과거는 되살아나지 않는다. 아니 "소풍 전날의 설레임"(같은 시)과 같은 순간이 이제는 더 이상 불가능해진 삶이기에 리모컨 버튼을 자동적으로 누르고 있는 것이라고도 하겠다. 리모컨이라는 사물은 그리운 순간으로의 회귀에 대한 욕망을 부추기지만 그 욕망의 허망함을 확인케 하면서 우리를 덧없는 현재의 시간에 용해시켜 예속화하는 요망한 물신이다. 특히 그 사물은 우리가 왕처럼 자유롭게 무엇인가를 선택한다는 착각을 심어 주기 때문에 더욱 문제적인 사물이다. 그러한 착각 덕분에 우리는 어떤 미래도 스스로 만들려고 하지 않는다. 다만 리모컨을 누르는 '자유를 누리며' 외로이 현재의 시간을 소비하는 삶을 사는 것이다.

 그런데 이러한 리모컨과 유사하게 우리가 자유로이 선택한다는 착각을 주면서도, 그 어떤 것보다도 더욱 지속적이고 강력하게 우리 삶에 달라붙어서 우리의 삶을 그 사물에 예속화시키는 사물이 있으니 스마트 폰이 그것이다. 박현수 시인은 스마트 폰에서 이 시대의 '책'을 포착

한다. 스마트 폰은 이전의 어떤 책과도 다른 면이 있으니 "사고전서의 서적을 다 넣어도/오히려 자리가 남는 얇은 책"(「빛나는 책 — 스마트 폰」)이라는 점이다. 세상의 모든 책이 다 들어갈 수 있는 이상한 책. 그 책은 "어둠 속에서도 스스로 빛을 내는" 이상한 마력을 갖고 있다. 모든 책을 한 권의 책에 담는다는 책의 이상을 실현한 신성한 책. 이 책의 신성한 마력에 "어른에서 아이까지"의 모든 사람들이 혼을 뺏겨 "수불석권(手不釋卷), 한시도 놓지 않"고 있다. 반면 이 시의 화자는 지하철에서 "스스로 빛나지 않는,/그래서 읽는 이의 내면에서/빛을 낼 수밖에 없는,/어두운 책을 들고" 흔들리고 있다. 이는 스스로 빛나는 스마트 폰을 읽는 이들은 자신의 내면에서 빛을 내지 않고 있다는 의미이기도 하다. 스마트 폰은 그 '폰-책'을 읽는 이 대신에 이미 빛을 내주고 있기에 읽는 이가 스스로 빛을 내려는 노력이 필요 없게 해 준다. 그래서 그의 내면에는 어떠한 변화도 일어나지 않는다.

그렇기에 스마트 폰 역시 미래다운 미래를 미리 차단하고 우리의 삶을 지금 이 시간에 결박시킨다. 전자 기기 사물들은, 미래에 대한 공포와 기대에 의탁하여 그 권력을 발휘했던 과거의 종교와는 달리, 현재 시간에 우리의 삶을 예속시키는 권력을 가졌다. 그것들은 부드럽게 삶을 포획하는 21세기 판 종교적 우상이다. 시인이 자전거나 풍선,

빨래집게 등의 소박한 사물을 통해 가질 수 있었던 사물과의 내밀한 관계 맺음은 이 전자 기기로부터 얻을 수 없다. 이 전자 기기들은 사람들의 삶을 자신의 권력 아래로 예속화하고, 이에 사람들은 그 기기 없이는 못 살 만큼 그 사물에 종속되며, 그 결과 그 사물을 알게 모르게 숭배하게 된다. 「자판 경배」를 보라. "깃털펜이 신의 음성을 받아 적던/시대"는 사라졌다. 현재는, "성령은 흩어진 글쇠 사이/질주하는 타이핑에서 불기둥처럼 피어오"르는 시대이다. "동방박사가 따라가던/별은 자판의 궁륭 안에서 더욱 반짝"이는 것, 이 컴퓨터와 연결된 자판이라는 사물에 성령은 강림해 있다. 우리는 이 성령이 깃든 자판을 숭배하면서, 이 자판의 촉각이 명하는 데로 "걷잡을 수 없는 폭주"의 타이핑을 해 나갈 것이며 그리하여 "언어 떼가 자판의 가로를 질주"하게 될 것이다.

3

 우리는 우리의 편의를 위해 존재하는 것 같지만 도리어 우리의 삶을 종속시키는 저 전자 기기들에 둘러싸여 살고 있다. 그 사물들의 권력에 의해 우리는 우리의 미래를 스스로 구성할 수 있는 자유를 박탈당하며, 살아온 과거 역시 지워지기 때문에 삶의 의미마저 잃어버린다. 박현수 시인은 이러한 환경 속에서 삶의 의미를 되찾게 해 줄 수 있는 사물들, 시가 깃들 수 있는 사물들을 찾는다. 이에 시인은 우리를 현혹시켜 자동화된 반응을 이끌어 내는 최신 전자 기기 대신 어떤 본질을 앙상한 모습으로나마 드러낸 사물들을 우리 앞에 내놓는다.

> 수만의 사람을 포개고
> 포개어
> 서로 포개지는 곳만 남기고
> 깎아내고 깎아내어
> 더 이상 덜어낼 것이 없을 때
> 바로 그때
> 완전한 인간이 나타나리라고,
> 은빛 고사목처럼
> 본질로만 이루어진 인간이
> 나타나리라고, 그대
> 풍선처럼 부푼 날이 있었지
>
> 마침내 나타난 건
> 피도 살도

없는, 저 간결한 골격뿐

—「옷걸이론」 전문

 '간결한 골격'으로만 존재하는 옷걸이. 하지만 이 옷걸이에는 수많은 옷들이 걸려 있었다. 그 골격은 그 많은 옷들이 "서로 포개지는 곳만" 남겨놓은 산물이다. 수많은 삶과 함께한 옷들의 모습들을 "깎아내고 깎아내어/더 이상 덜어낼 것이 없을 때" "마침내 나타난" 골격이 옷걸이인 것이다. 사람들이 입은 옷이 현상으로서의 인간이라면 저 옷걸이는 "본질로만 이루어진 인간"이다. 그렇기에 '완전한 인간'이라고도 하겠다. 시인은 본질을 보여 주는 사물들을 포착하면서 사물로부터 새로운 앎, 시적인 인식을 얻고자 한다. 저 옷걸이로부터 삶의 어떤 본질을 알게 되듯이 말이다. 이 본질, 골격을 사물로부터 발견하기 위해서는 시의 눈, 시의 '안경'이 필요하다. 마침 시인은 「안경」에서 어떤 안경 자체로부터 "앞을 바라보는 골격"을 발견한다. 누군가 쓰고 벗어놓은 안경에 대해 그는 "저것은 누군가 벗어놓은 표정"이라면서, 그 표정은 "다른 인상은/모두 지워지고/오로지/앞을 바라보는 골격만 남은" 것이라는 것이다. 다시 말하면, 어떤 이가 살아온 삶을 드러내는 것이 표정이라고 할 때, 안경은 그 표정 중에서 그이가 살면서 세상을 바라볼 때 지었던 표정의 골격이다.

박현수 시인이 앙상하게 존재하는 사물로부터 어떤 본질 — 골격 — 의 현현을 찾아내는 것은, 상상력을 통해 그 사물과 함께 했던 구체적인 삶을 복원하고 재의미화하기 위함이다. 나아가 그 본질로부터 사물의 영혼이 회복되는 현장을 재현하기 위함이기도 하다. 잃어버린 과거 삶의 생생함이 그 골격으로부터 복원되기에, 새로이 회복되는 그 사물의 영혼에는 권력으로서의 신성이 아니라 따듯한 신성이 스며들어 있다.

> 태초에
> 하느님이 의자를 만들 때
> 그 곁을 달려가던
> 말의 영혼을 불어 넣었다
> 목뼈를 곧게 펴고
> 먼 곳을 바라보는 자세에
> 안장을 얹은 것도
> 하느님의 전직인 목수였다
> 사람들이
> 목뼈에 등을 기대고 돌아앉을 때
> 의자는
> 혼이 떠난 사물에 지나지 않았다
> 아이들이

가끔씩 거꾸로 앉아 소리칠 때

온 몸을 부르르 떨며

의자에 깃든 말의 영혼은 눈을 뜬다

그때마다

어디선가 또각또각 말발굽 소리 들려온다

— 「의자」 전문

 의자는 '골격'만 남은 '말'이다. 위의 시에 따르면 전직 목수였던 하느님은 태초에 "의자를 만들 때" "말의 영혼을 불어 넣었다"고 한다. 의자 등받이는 "먼 곳을 바라보는" 그 말의 목뼈였다. 하느님의 창조물인 의자에는 이렇듯 신성한 영혼이 깃들어 있었다. 하지만 지금 우리 앞에 놓여 있는 의자는 말의 영혼을 잃어버리고 앉기 위한 기능만 하는 사물, "혼이 떠난 사물"로 덩그러니 놓여 있다. 이 의자가 말의 골격이라는 진실을 깨우쳐 주는 것은 아이들이다. 아이들이 의자에 "거꾸로 앉아 소리"치면서 놀 때, 말의 영혼을 가진 의자의 본질이 다시 드러난다. "온 몸을 부르르 떨며/의자에 깃든 말의 영혼은 눈을" 다시 뜨는 것이다. 아이들은 사물을 그 사물의 기능으로 판단하지 않고 자유로운 놀이의 대상으로 전환시킨다. 아이들은 어떤 사물이 무엇에 쓰이기 위해 만들어졌는지 상관하지 않고, 놀이 속에서 발동되는 상상력에 따라 자유롭게 그 사물과 즐거우면서도 내밀한 관계를 맺는다. 그럼으로써 기능에 묶여 영혼을 잃어버린 채 놓여 있던 사물은 그 기능으로부터 해방되어 자신에 깃들어 있던 고유한 영혼을 되찾고는 다른 존재로 변신하면서 따듯한 신성을 드러내는 것이다.

아이의 상상력, 이를 이은 시인의 상상력은 사물들이 살아 있는 동물이나 곤충으로 변신할 수 있음을 포착하여 이 사물들과 새로이 생생한 관계를 맺을 수 있도록 우리를 이끈다. 저 아이들처럼 사물들과 새로이 관계를 맺는 방법을 배움으로써, 과거를 잊고 현재에 붙박여 살아가게 만드는 현대적 사물들의 권력으로부터 벗어나 삶을 되찾는 길을 찾을 수 있다. 삶을 되찾는 것은 세계와 내밀하고 생생한 관계를 맺었던 시절을 지금 여기로 끌어올리는 작업이다. 그래서인지 박현수 시인은 지난날의 향수를 불러일으키는 사물들에 관심이 많다. '주전자'로부터 교실 톱밥난로 위에 주전자를 올려놓았던 학생 시절 — "조금만 건들어도/움푹움푹/상처가 나던 젊은 날들"(「주전자」) — 을 떠올리는 것도 그 한 예다. 그는 당시 "뚜껑을 들썩"이다가 "푸, 푸" 증기를 가라앉히던 난로 위 주전자의 인상으로부터 "끓어 넘치려 할 때마다" "한숨으로 가라앉혀야 했던/벌겋게 타들어가던/격정(激情)들"(같은 시)을 떠올린다.

그러나 「사진앨범」에 따르면 과거의 시간은 다시 올 수 없다. 시인은 이 시에서 "이제 사진에서만 살아있는 사람들"을 안타깝게 회상한다. 그 사람들이란 바로 사진 속에 있는 젊은 날의 자기 자신들이다. 시인은 그 사진에 찍힌 젊은 날의 자신을 보면서 "달콤하게 익어가는 기억들"을 맛보며 "다디단 시간 속에서 벗어나지 못"하지만, "이게 아빠야?/하는 딸아이 소리"로 그러한 기억들이 다시는 현재화되지 못하는 과거임을 깨닫는다. 하지만 저 사진과 내밀한 관계를 맺으면서 현재화될 수 없고 "단맛만 남은 시간들"을 기억에 떠올리는 일은, 현재의 시간에 포획되어 자신을 잃어버린 삶으로부터 벗어나 자신의 삶을 되찾고자 하는 시도를 담고 있다. 비록 과거의 시간들이 다시 돌아올 수 없더라도 말이다. 그 되찾음은 과거에는 갖고 있었으나 지금은 잃어버린 영혼, 상상력을 통해 사물과 내밀하고 자유로운 관계를 맺을 줄 알았을 때의 영혼을 되살릴 때 이루어지기 시작할 것이다.

 "당신은 아침마다/얽히고설킨/단단한 풍선들을 풀어주곤 하지"만, 그 "수많은 풍선들이/당신을 들어 올리는 줄도 모"(「비누」)른다. 비누가 풀어지면서 만들어 준 "풍선들이/미꾸라지처럼 손을 빠져나가/까르르 웃"곤 했던 영혼을 잃어버렸기 때문이다. 바로 사물과 관계 맺으며 "까르르 웃"을 수 있는 영혼을 되찾을 때 우리는 우리 자신의 삶을 살아갈 수 있다. 우리가 일상에서 접하는 소박한 사물들이 우리의 삶을 들어 올려 준다는 것을 인식할 때, 그러한 사물들의 세계에 사랑 — 의자를 만든 하느님의 신성도 여기에 속한다 — 이 깃들어 있음을 알면서 사물들을 대할 때, 우리는 까르르 웃을 수 있다. 어떤 사물에는 사랑의 냄새가 다음과 같이 배어 있는 것이다.

> 수많은 돌기 달린 혓바닥처럼, 수건은
> 식구들의 체취를 핥아 먹는다
> 처음 남긴 막내의 냄새 위에
> 아빠 냄새, 엄마 냄새가 겹쳐지고
> 겹치면 겹칠수록
> 냄새는 하나의 원형으로 돌아간다
> 따로 따로 거둔 냄새들은
> 수건 안에 모여서 비로소 가족이 된다
> 세탁기에서 꺼낼 때
> 가끔씩 수건의 올이 빠지는 것은
> 가족의 냄새를 놓기 싫었기 때문이다
> 그러니 수건이 아니라면
> 어디에서 가족을 물어 보겠는가
> 그 체취를 잊지 못하여
> 수건은 걸레가 되어서도

방바닥을 쿵쿵거리며 돌아다니는 것이다

— 「수건의 혓바닥」 전문

 자신의 "수많은 돌기"들을 '혓바닥' 삼아 막내, 아빠, 엄마의 냄새를 "핥아 먹"는 수건. 그 사물 안에서 가족의 냄새들은 "하나의 원형으로 돌아"가는 것인데, 그 원형이란 바로 사랑의 냄새일 것이다. "걸레가 되어서도/방바닥을 쿵쿵거리며 돌아다니"면서 가족의 체취를 핥는 수건은 사랑의 냄새를 보존하는 사물이다. 아니 같이 살고 있는 이들을 적극적으로 사랑할 줄 아는 사물이라고 말해야 한다. "아욱국에/따듯한 밥 말아/당신 입에 한 술 떠 넣어주고 싶은"(「사랑 — 숟가락」) 사랑의 마음을 전해 주는 숟가락처럼, 수건은 사랑의 원형을 채취하고 보관하고는 우리에게 다시 전해 준다.

 사물로부터 사랑의 힘을 발견하고 이 힘에 정동되면서 까르르 웃는 일, 그것은 이 사물의 세계에 살고 있는 우리가 세계를 다시 사랑하면서 관계 맺기 위한 출발점이 될 수 있다. 박현수 시인이 서문에서 말한 것처럼 우리는 지금 "역병 도는 시간"을 살고 있다. "저마다 제 안의 열을 짚어"보면서 마스크를 쓰고 이 시간을 살고 있는 우리의 "삶은 증상도 없이/다음 계절로 미루어"(「마스크」)지고 있다. 마스크로 삶을 세계와 차단시키는 "낯선 시간이 다가"(같은 시)와 버린 것이다. 이럴 때이기에, 사물로부터 사랑의 힘을 다시 얻으며 세계와 내밀한 관계를 회복하려고 하는 이 시집이 소중하게 다가오는 것은 필자만이 아닐 것이다.